17222818R00061

Made in the USA
Lexington, KY
18 November 2018